GARE DE GUISE

DU CHEMIN DE FER

DE

Saint-Quentin à Guise.

LAON. — Imprimerie H. JACOB, Gérant du *Journal de l'Aisne.*

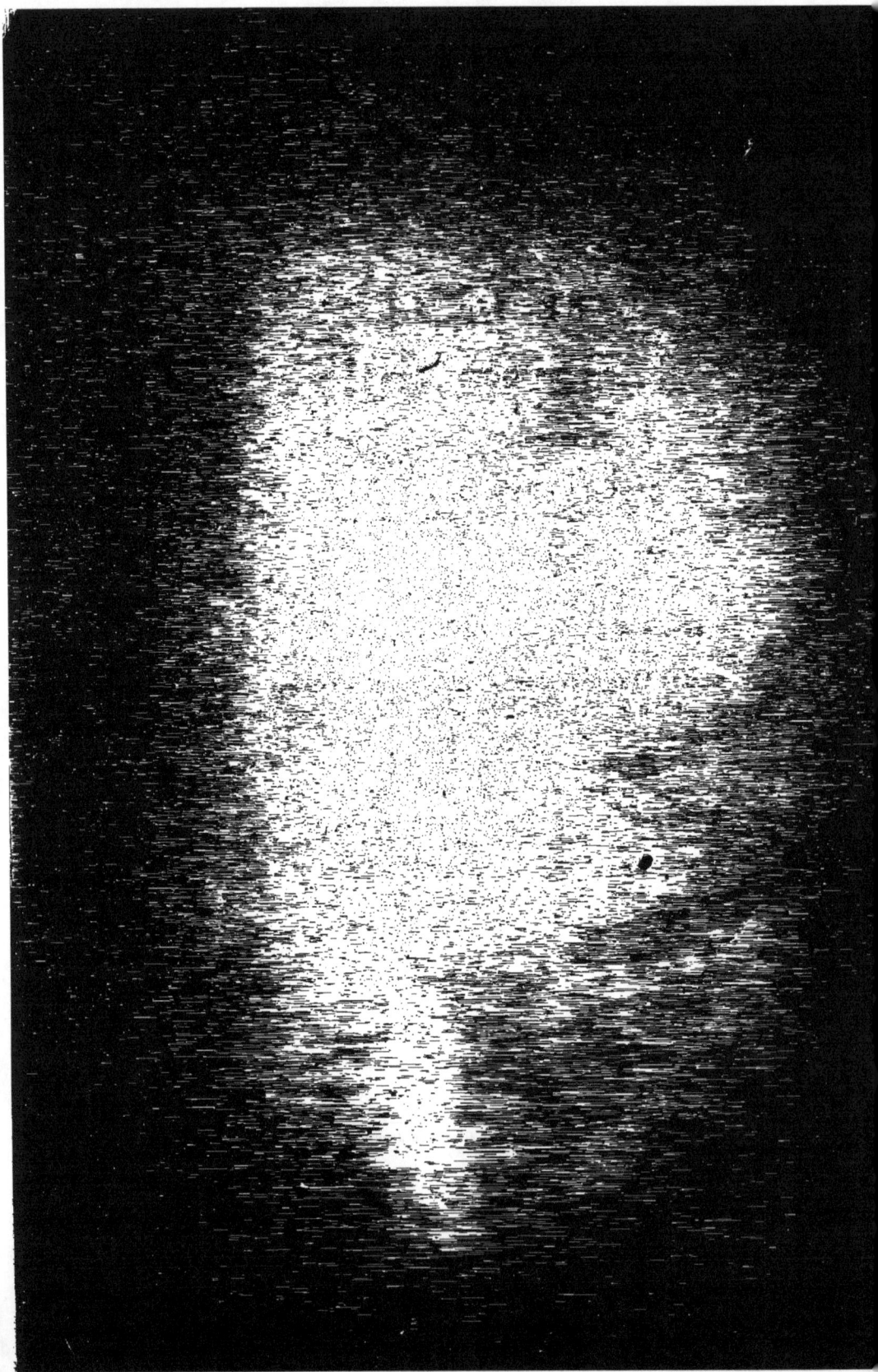

GARE DE GUISE

DU CHEMIN DE FER

de Saint-Quentin à Guise.

Le Conseil général devra, dans sa session d'avril, se prononcer sur l'emplacement de la Gare de Guise. Un certain nombre d'habitants de cette ville présentent, sur cette importante question, les observations suivantes auxquelles ils joignent un plan représentatif des deux tracés.

Deux combinaisons sont en présence ; d'après l'une d'elles, la voie ferrée, une fois arrivée sur un point indiqué au plan ci-joint, sous le nom de Sainte-Claire, passerait sur la rive droite de l'Oise au point ci-dessus, y traverserait la vallée, puis, suivant à mi-côte la rampe de Courcelles, viendrait passer sous la route nationale n° 45 au faubourg de Landrecies et arriverait dans les Coutures, où serait établie la gare dans un espace compris entre ladite route nationale n° 45 et la route nationale n° 30 faubourg de Villers.

D'après l'autre tracé, la voie, partant du même point de Sainte-Claire, suivrait la rive gauche de l'Oise et viendrait aboutir à l'extrémité du faubourg de Bohain, dans un espace compris entre la rivière et la route départementale n° 25 de Guise à Cambrai, en un lieu dit prairie de Robbé ; c'est ce dernier tracé que propose la Compagnie du chemin de fer de Saint-Quentin à Guise. Cela dit, il y a lieu d'étudier les considérations qui militent pour ou contre les deux tracés.

La Gare aux Coutures.

Les partisans de cette combinaison, sans nier que l'emplacement de la vallée serait beaucoup plus avantageux pour la ville de Guise, le combattent par deux arguments; ils prétendent que cet emplacement est exclusif de tout prolongement ferré pour la ville de Guise.

Prenant par exemple pour objectif un chemin de fer du Cateau à Saint-Erme par Guise, dont il a été très-sérieusement question dans ces derniers temps, ils affirment que tout raccordement de ce chemin de fer serait impossible avec la Gare de la ligne de Saint-Quentin, si celle-ci était établie dans la vallée.

En second lieu, ils prétendent que, si l'emplacement de la vallée était préféré, il en résulterait, au détriment de la ville de Guise, un surcroît d'inondation dans les moments de débordement de l'Oise.

Nous combattrons tout à l'heure cette dernière objection, lorsque nous aurons à nous occuper de l'autre tracé.

Pour le moment, nous nous bornerons à répondre à l'argument relatif au prolongement qu'un raccordement avec la ligne du Cateau serait toujours facile, si cette voie devait un jour se faire. Sa direction la plus naturelle serait de la faire arriver dans la vallée de Vadencourt, aussi près que l'on voudrait de Sainte-Claire. A partir de ce point, elle suivrait sur la rive droite le tracé que comporte aujourd'hui la combinaison dite des Coutures, pour ensuite se prolonger sur St-Erme; en d'autres termes, elle suivrait exactement, à partir de Sainte-Claire jusqu'aux Coutures, la direction que devra suivre la Compagnie de St-Quentin, si le tracé par la vallée n'est pas préféré par le Conseil général.

Reste la question de l'arrivée à la gare de la vallée, des trains venant du Cateau à Saint-Erme.

Il n'y a pas là une grande difficulté, et le même cas se présente dans un assez grand nombre de gares du réseau français. Une fois arrivés à Sainte-Claire, les trains venant du Cateau ou de Saint-Erme, emprunteraient pendant deux kilomètres la ligne de Saint-Quentin pour venir déverser dans la gare de Guise voyageurs et marchandises ; puis, au moyen d'une manœuvre de reculement, ils reviendraient prendre à Sainte-Claire leur direction vers le Cateau ou Saint-Erme.

Nous nous bornons à indiquer ce moyen, mais il en est d'autres que les hommes du métier sauraient bien trouver ; et alors même que la ligne du Cateau à Saint-Erme serait un jour concédée, ce qui est fort douteux aujourd'hui, on pourrait toujours la raccorder avec la gare de la Compagnie de Saint-Quentin à Guise. Il nous reste maintenant à énumérer les inconvénients de la gare dans les Coutures.

Nous avons dit tout à l'heure que d'après cette combinaison la voie devra traverser le faubourg de Landrecies, en passant sur la route nationale n° 45 ; or le côté droit dudit faubourg est bordé de terrains qui s'élèvent de plus en plus à mesure que l'on avance vers la plaine ; les cours des maisons s'y terminent par une surélévation de terrain qui monte jusqu'au niveau des toits. Si donc, par la force des choses, les trains passent déjà sous la chaussée du faubourg de Landrecies, de combien ne seront-ils pas enterrés lorsqu'à droite de cette route, ils devront s'engager au milieu de terrains dans lesquels il faudra leur faire place au moyen d'immenses déblais ; grave inconvénient assurément, mais cent fois pire encore lorsqu'il s'agira de la Gare qui se trouvera dans une véritable cave, et dont on verra à peine les toits.

Pour ce qui concerne la ville de Guise, les inconvénients ne seront pas moindres. Son territoire expire du côté gauche aux dernières maisons du faubourg de Landrecies. Les constructions qu'appellera forcément le voisinage de la

Gare ne manqueront pas, en vue d'être exemptées de l'octroi municipal, de se porter sur le territoire de Lesquielles-Saint-Germain, dont l'extrémité, du côté de Guise, fera face à la Gare, d'où une perte notable pour l'octroi de Guise, et impossibilité pour la police municipale d'y exercer aucune surveillance. Alors se produira cette même situation dont le conseil général s'est tant de fois occupé, et qui s'est révélée par des demandes incessantes de la ville de St-Quentin, en vue d'obtenir l'annexion du petit Neuville, pour les mêmes raisons que ci-dessus.

Enfin l'établissement de la Gare dans les Coutures soulève une dernière question, qui est d'une grande importance.

Les voies qui, à partir de la place d'Armes, y conduiront n'ont pas une largeur suffisante pour une circulation quelque peu active; on constate généralement qu'il sera nécessaire de créer une voie nouvelle.

L'administration municipale l'a reconnu elle-même, puisqu'elle s'est livrée à une étude sérieuse de la question. Le projet à exécuter consisterait à jeter un pont sur l'Oise à l'extrémité du boulevard du Mont-Evente, à exproprier les terrains qui s'étendent de la rivière au faubourg de Landrecies, puis un certain nombre de maisons dudit faubourg, et enfin les terrains qui, à partir du côté droit, mèneront à la Gare, et alors se présentera pour la ville de Guise, comme tout à l'heure pour la Compagnie, la grosse difficulté et la grosse dépense, résultant du profond encaissement de la voie qui, du faubourg Landrecies, conduira à la Gare; c'est pour la ville une dépense d'au moins 150,000 fr. sans aucune compensation d'octroi, comme nous l'avons dit tout à l'heure.

Gare de la vallée.

Nous avons dit, que lorsque nous en serions arrivés à l'examen du tracé par la vallée, nous nous occuperions de l'objection tirée contre celui-ci, des inondations, qui en certain cas ne manqueraient pas d'envahir la ville, si la gare était établie dans la prairie de Robbé. Lorsqu'à la suite de pluies abondantes l'Oise sort de son lit, en aval de la ville de Guise, ses eaux se répandent à gauche dans la prairie de Robbé, à droite dans les prairies du Moulin-Neuf, de Courcelles et de Lesquielles-Saint-Germain ; sur la rive gauche, elles restent enfermées par la route départementale n° 25 de Guise à Cambrai, et par les rampes boisées qui s'étendent jusqu'à Sainte-Claire, c'est-à-dire jusqu'au point où la rivière passe au pied de ces dernières, de telle façon qu'elles ne peuvent s'écouler qu'en passant sur la rive droite. Sur la rive droite, au contraire, les eaux en sortant de leur lit se répandent dans les prairies du Moulin-Neuf, de Courcelles et de Lesquielles-Saint-Germain et à la suite de cette dernière trouvent leur écoulement dans la prairie de Vadencourt ; ce qui nous fait dire que les eaux, en débordant, ne trouvent à gauche qu'un champ d'inondation tandis qu'elles ont à droite leur champ d'écoulement. Partant de ce point de vue, on est en droit d'affirmer que, quels que soient les remblais ou les constructions qu'on apportera sur la rive gauche, le niveau des eaux ne s'en trouvera pas augmenté d'un centimètre dans les moments de crue, et que, par conséquent, les menaces d'inondation pour la ville de Guise n'en seront nullement aggravées. Si au contraire le tracé par la rive droite obtient la préférence, la voie ferrée devra inévitablement, pour arriver à mi-côte des rampes de Courcelle, traverser la vallée dans toute sa largeur ; il est facile alors de prévoir les conséquences qui vont se produire.

Le champ d'écoulement se trouvant diminué sensiblement par la chaussée ou le viaduc qui leur barrera en partie le passage, les eaux reflueront vers la rive gauche et s'y trouvant retenues comme nous l'avons dit tout à l'heure par la route départementale n° 25 et les rampes boisées, leur niveau s'y élèvera dans une proportion telle que l'inondation ne tardera pas à couvrir le sol d'une partie de la ville de Guise. On voit par cette démonstration que nous ne nous bornons pas à repousser l'objection qu'au point de vue des inondations les partisans de la gare dans les Coutures formulent contre le tracé par la rive gauche, nous prétendons que pour la ville de Guise, le danger viendra plutôt du barrage que, sous une forme ou sous une autre, il faudra établir sur la rive droite dans toute la largeur de la vallée, pour arriver à mi-côte de Courcelles, et de là sur les Coutures. Après avoir écarté les objections que les partisans de la gare sur les Coutures font valoir contre le tracé de la vallée, c'est-à-dire l'impossibilité d'un raccordement, et le danger des inondations pour la ville de Guise, nous allons énumérer les avantages qui plaident en faveur de l'établissement de la gare dans la prairie de Robbé.

Tandis que la combinaison des Coutures entraîne forcément la ville de Guise à une dépense considérable, que ses ressources ne lui permettent pas, la gare sur la rive gauche communique directement avec la ville par la route départementale n° 25 sans aucune rampe, ni pente, enfin sans la moindre dépense pour la ville comme construction ou entretien de la voie.

Tandis que les constructions nouvelles qu'appelle toujours le voisinage d'une gare s'établiront dans le premier cas, sur le territoire de Lesquielles-Saint-Germain, sans aucune compensation pour l'octroi de la ville, des dépenses auxquelles celle-ci aura été entraînée, la gare dans la vallée, se trouvera située au milieu de vastes terrains propres à la construction et compris dans le territoire de la ville.

Tandis que la police municipale n'aura aucune action sur les auberges et débits de boissons et les lieux publics de toute espèce qui se grouperont dans le voisinage de la gare sur le territoire de Lesquielles-Saint-Germain, elle sera au contraire à même d'exercer sa surveillance sur tous les établissements de même nature qui se réuniront autour de la gare, sur la rive gauche, puisque les terrains avoisinants font partie du territoire de Guise.

Résumé.

La commission d'enquête dans sa réunion du 3 février à Vervins, a émis l'avis suivant à l'unanimité, moins la voix de Monsieur le Sous-Préfet de Vervins, Président, qui a déclaré s'abstenir :

« Que l'emplacement de la gare sur la rive gauche de
» l'Oise, au lieudit le Moulin-Neuf, desservirait mieux les
» intérêts généraux de la ville, sous la réserve toutefois de
» la question des inondations, et du prolongement de la
» ligne au-delà de Guise, lequel prolongement deviendrait
» nécessaire en vue d'un raccordement avec des voies qui
» pourraient venir à être construites ultérieurement. »

Nous croyons avoir démontré, que les deux objections formulées contre le tracé de la rive gauche, ne soutiennent pas un examen sérieux ; si nous avons fait cette preuve, nous avons pour nous, sous réserve, l'avis de la Commission d'enquête qui déclare le tracé de la rive gauche préférable pour les intérêts généraux de la ville de Guise, et nous espérons que le Conseil général partagera cette opinion.

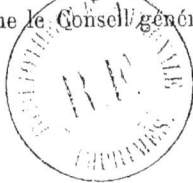

Laon. — Imprimerie H. JACOB, Gérant du *Journal de l'Aisne*.

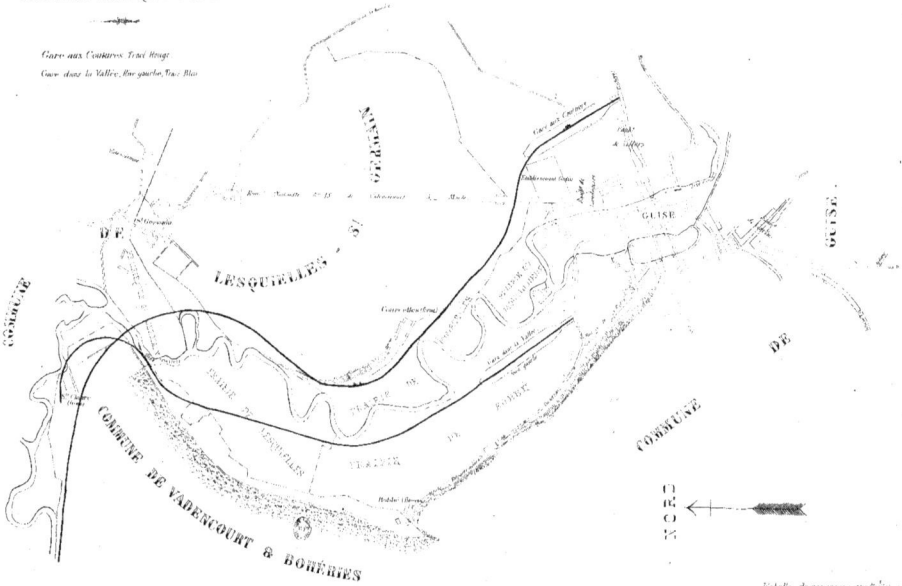

ETUDE SUR LA GARE A GUISE

Ou Chemin de Fer de St Quentin a Guise

Gare aux Couture, Trait Rouge
Gare dans la Vallée, Rive gauche, Trait Bleu

www.ingramcontent.com/pod-product-compliance
Lightning Source LLC
Chambersburg PA
CBHW061814040426
42447CB00011B/2646